こんな名字《みょうじ》、聞《き》いたことない！

ご当《とう》地《ち》珍《ちん》名《めい》
見つけ隊

髙信《たかのぶ》先生《せんせい》の全国《ぜんこく》行脚《あんぎゃ》　関《かん》東《とう》編《へん》

名字研究家《みょうじけんきゅうか》
髙《たか》信《のぶ》幸《ゆき》男《お》

KOSHUNKAKU

はじめに

2023年《ねん》6月《がつ》に、「ご当地珍名見《とうちちんめいみ》つけ隊《たい》～髙信先生《たかのぶせんせい》の全国行脚《ぜんこくあんぎゃ》～」を発刊《はっかん》したところ、子《こ》どもから大人《おとな》まで興味《きょうみ》をもって楽《たの》しめる本《ほん》であると多《おお》くの方《かた》からご感想《かんそう》をいただき、著者《ちょしゃ》としてとても嬉《うれ》しく思《おも》っております。

本《ほん》の中《なか》で47都道府県《とどうふけん》それぞれの地域《ちいき》の代表的《だいひょうてき》な珍《めずら》しい名字《みょうじ》を取《と》り上《あ》げましたが、「近《ちか》くに住《す》んでいても知《し》らなかった」や、「○県《けん》には、こんな珍《めずら》しい名字《みょうじ》があるんだ」と多《おお》くのご感想《かんそう》をお寄《よ》せいただきました。

前巻《ぜんかん》では各都道府県《かくとどうふけん》から2つずつ紹介《しょうかい》しましたが、それぞれの県等《けんなど》にはまだまだたくさんの珍《めずら》しい名字《みょうじ》があります。もっと多《おお》くの珍《めずら》しい名字《みょうじ》を知《し》りたいとのご要望《ようぼう》にお応《こた》えして、株式会社《かぶしきがいしゃ》 恒春閣様《こうしゅんかくさま》のご協力《きょうりょく》を得《え》て第《だい》2弾《だん》を発刊《はっかん》することになりました。ここに、ご協力《きょうりょく》をいただきました皆様《みなさま》に深《ふか》く感謝申《かんしゃもう》し上《あ》げます。

今回《こんかい》は、関東地方《かんとうちほう》（1都《と》6県《けん》）の珍《めずら》しい名字《みょうじ》を紹介《しょうかい》したいと思《おも》います。それぞれの県等《けんなど》から、よりすぐりの5つの名字《みょうじ》をご紹介《しょうかい》いたします。今後《こんご》、北海道《ほっかいどう》・東《とう》北《ほく》地方《ちほう》、中部《ちゅうぶ》地方《ちほう》、近畿《きんき》地方《ちほう》、中国《ちゅうごく》・四国《しこく》地方《ちほう》、九州《きゅうしゅう》・沖縄《おきなわ》地方《ちほう》の全《ぜん》6ブロックに分《わ》けての発刊《はっかん》を考《かんが》えております。

私《わたし》は、現在《げんざい》も珍《めずら》しい名字《みょうじ》を求《もと》めて全国《ぜんこく》を旅《たび》しています。今《いま》でも、旅先《たびさき》で「こんな名字《みょうじ》があるんだ」と驚《おどろ》くばかりです。日本《にほん》には、いったいどれだけの名字《みょうじ》があるんだろうと思《おも》ってしまいます。

読者《どくしゃ》の中《なか》にも珍《めずら》しい名字《みょうじ》をご存《ぞん》じの方《かた》がおられるではありませんか。ぜひ自分《じぶん》の名字《みょうじ》を取《と》り上《あ》げて欲《ほ》しい、または、知人《ちじん》に珍《めずら》しい名字《みょうじ》がいるので取《と》り上《あ》げて欲《ほ》しいなどの情報《じょうほう》もお待《ま》ちしております。

第《だい》2弾《だん》の「関東編《かんとうへん》」が、少《すこ》しでも皆様《みなさま》に喜《よろこ》んでいただける事《こと》を願《ねが》っています。

名字研究家《みょうじけんきゅうか》　髙信幸男《たかのぶゆきお》

もくじ

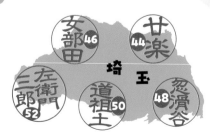

※本書の内容は2024年6月現在のものです。また、名字の由来には諸説あり、本書掲載の内容が定説とは限りません。

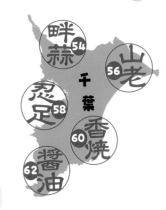

「めずらし度《ど》」とは?

日本全国《にほんぜんこく》にある珍《めずら》しい名字《みょうじ》（珍名《ちんめい》）の軒数《けんすう》をもとに、その「めずらしさ」を星《ほし》の数《かず》で表《あらわ》しました。

めずらしい

とっても
めずらしい

とても
めずらしい

スーパー
めずらしい

とてもとても
めずらしい

関《かん》東《とう》地《ち》方《ほう》とは?

関東《かんとう》ってこんなところ！

面積《めんせき》	32,430㎢
人口《じんこう》	約《やく》43,650,000人
位置《いち》	本州《ほんしゅう》のほぼ中央《ちゅうおう》
都道府県《とどうふけん》	1都《と》6県《けん》

日本《にほん》の人口《じんこう》の1/3！

福島県《ふくしまけん》
新潟県《にいがたけん》
栃木県《とちぎけん》
群馬県《ぐんまけん》
長野県《ながのけん》
茨城県《いばらきけん》
太平洋《たいへいよう》
埼玉県《さいたまけん》
山梨県《やまなしけん》
東京都《とうきょうと》
千葉県《ちばけん》
神奈川県《かながわけん》
静岡県《しずおかけん》

気候《きこう》

太平洋側特有《たいへいようがわとくゆう》の気候《きこう》で、冬《ふゆ》は乾燥《かんそう》して寒《さむ》い日《ひ》がつづく。夏《なつ》は内陸部《ないりくぶ》で高温《こうおん》となり、雷雨《らいう》が起《お》こりやすい。

農業《のうぎょう》

台地《だいち》を生《い》かした畑作《はたさく》を中心《ちゅうしん》に、都市近郊農業《としきんこうのうぎょう》が行《おこな》われている。山間部《さんかんぶ》では涼《すず》しい気候《きこう》を生《い》かして高原野菜《こうげんやさい》が作《つく》られる。

工業《こうぎょう》

東京湾臨海部《とうきょうわんりんかいぶ》の京浜工業地帯《けいひんこうぎょうちたい》をはじめ、京葉《けいよう》、鹿島《かしま》の工業地域《こうぎょうちいき》、内陸部《ないりくぶ》の工業団地《こうぎょうだんち》などで、様々《さまざま》な工業製品《こうぎょうせいひん》が作《つく》られている。

地質《ちしつ》

火山灰《かざんばい》が蓄積《ちくせき》した赤土《あかつち》（関《かん》東《とう》ローム）に覆《おお》われており、畑作《はたさく》に適《てき》している。

関東《かんとう》の名字《みょうじ》

　関東地方《かんとうちほう》の名字《みょうじ》は、都市部《としぶ》とその他《た》の地域《ちいき》で異《こと》なります。都市部《としぶ》には、全国《ぜんこく》から多《おお》くの人《ひと》が移住《いじゅう》してきたことから、全国各地《ぜんこくかくち》の名字《みょうじ》が集《あつ》まっており、昔《むかし》からの都内独自《とないどくじ》の名字《みょうじ》を見《み》つけることはかなり困難《こんなん》です。一方《いっぽう》、その他《た》の地域《ちいき》では、昔《むかし》からの名字《みょうじ》が現在《げんざい》まで代々伝《だいだいつた》わっており、東京都《とうきょうと》でも多《た》摩地区《まちく》などでは昔《むかし》からの地域独自《ちいきどくじ》の名字《みょうじ》が存在《そんざい》しています。

神奈川
府川　奥津　露木

東京
宇田川　原島　比留間

千葉
石毛　植草　篠塚

埼玉
蓮見　大熊　新井

茨城
綿引　助川　飛田

栃木
君島　増渕　高久

群馬
都丸　反町　小暮

茨城《いばらき》

Ibaraki

雲類鷲

うるわし

「雲類鷲《うるわし》」という名字《みょうじ》は、地名《ちめい》から生《う》まれました。「雲類鷲《うるわし》」という地名《ちめい》ではなく、常陸風土記《ひたちふどき》に登場《とうじょう》する「宇流波斯《うるわし》」という地名《ちめい》です。

日本武尊《やまとたけるのみこと》が常陸国行方郡《ひたちのくになめかたぐん》（現茨城《げんいばらき》県行方市《けんなめかたし》）で心《こころ》づくしのおもてなしを喜《よろこ》び、うるわしんだ（古語《こご》で「親《した》しみ愛《あい》する」の意味《いみ》）ことから、その地《ち》を「宇流波斯《うるわし》」と名付《なづ》けたとされます。宇流波斯《うるわし》に住《す》んでいた一族《いちぞく》が、やがて何《なん》らかの理由《りゆう》でひたちなか市《し》に移《うつ》り住《す》み、「うるわし」に「雲類鷲」の文字《もじ》を当《あ》てて名字《みょうじ》にしたと考《かんが》えられます。

MEMO

「雲類鷲《うるわし》」という名字《みょうじ》は画数《かくすう》が53画《かく》で、現在確認《げんざいかくにん》されている名字《みょうじ》の中《なか》では二番目《にばんめ》に画数《かくすう》の多《おお》い名字《みょうじ》です。ちなみに一番《いちばん》は「躑躅森《つつじもり》」の54画《かく》です。

茨城《いばらき》
Ibaraki

竿代

さおしろ

「竿代《さおしろ》」という名字《みょうじ》は、船賃《ふなちん》から生《う》まれました。

竿代家《さおしろけ》の近隣《きんりん》は、昔《むかし》は沼地《ぬまち》でした。南北朝時代《なんぼくちょうじだい》、北畠親房《きたばたけちかふさ》が敵《てき》に追《お》われ竿代家《さおしろけ》にたどり着《つ》きましたが、その先《さき》は沼地《ぬまち》で先《さき》に進《すす》めなかったため、親房《ちかふさ》に「舟《ふね》で対岸《たいがん》まで送《おく》り届《とど》けて欲《ほ》しい」と頼《たの》まれ、舟《ふね》で対岸《たいがん》まで送《おく》り届《とど》けました。その際《さい》、親房《ちかふさ》から「私《わたし》は今《いま》、追《お》われる身《み》でお金《かね》もなく舟《ふね》のお礼《れい》を差《さ》し上《あ》げることができない。その代《か》わりに、竿代《さおしろ》という名字《みょうじ》を与《あた》える」と言《い》われて「竿代《さおしろ》」の名字《みょうじ》を賜《たまわ》ったと伝《つた》えられています。

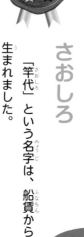

MEMO

昔《むかし》は、船賃《ふなちん》を一竿《ひとさお》・二竿《ふたさお》・・・と数《かぞ》えていたので、「竿賃《さおちん》」の代《か》わりで「竿代《さおだい》」になりました。現代《げんだい》なら「船賃《ふなちん》」という名字《みょうじ》になりそうです。

茨城《いばらき》

Ibaraki

源栄

もとさか

「源栄《もとさか》」という名字《みょうじ》は、源氏《げんじ》から生《う》まれました。源栄家《もとさかけ》の言《い》い伝《つた》えでは、先祖《せんぞ》が八幡太郎義家《はちまんたろうよしいえ》（源義家《みなもとのよしいえ》）の家臣《かしん》であったことから、義家《よしいえ》より「源栄《もとさか》」の名字《みょうじ》を賜《たまわ》ったと言《い》われています。「源栄」になったのは、源平合戦《げんぺいがっせん》で源氏《げんじ》が勝利《しょうり》し、これからも「源《げん》」氏《じ》がますます「栄《さか》」えることを願《ねが》って、「源栄《もとさか》」という名字《みょうじ》にしたことが考《かんが》えられます。

「源栄《もとさか》」家《け》の人々《ひとびと》の名前《なまえ》には、義家《よしいえ》の「義」の一文字《いちもじ》が代々《だいだい》使用《しよう》されているそうです。

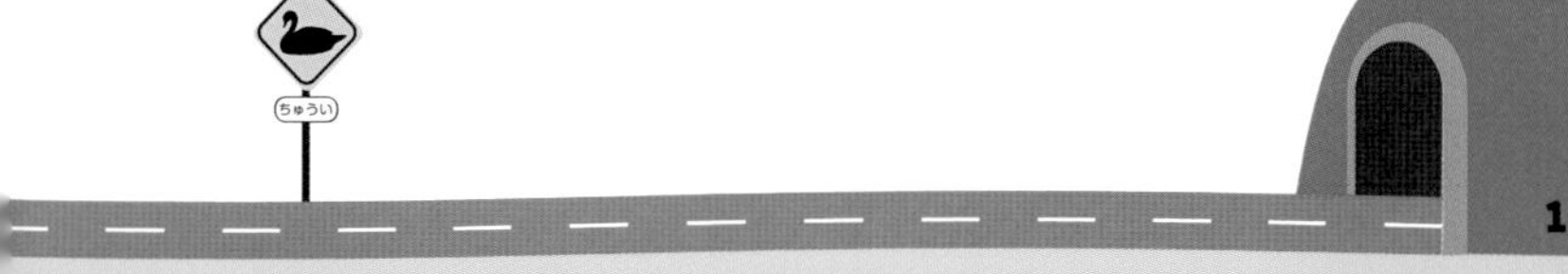

源栄

MEMO

源栄家《もとさかけ》には樹齢数百年《じゅれいすうひゃくねん》の大銀杏《おおいちょう》（鎌倉鶴岡八幡宮《かまくらつるがおかはちまんぐう》に存在《そんざい》した銀杏《いちょう》と同等《どうとう》）があり、近隣《きんりん》には義家《よしいえ》が植《う》えたとされる桜《さくら》や、源氏川《げんじがわ》という名前《なまえ》の川《かわ》も存在《そんざい》しています。

百目鬼

どうめき

「百目鬼《どうめき》」という名字《みょうじ》は、洪水《こうずい》から生《う》まれました。

百目鬼家《どうめきけ》の近《ちか》くには、鬼怒川《きぬがわ》という川《かわ》が流《なが》れています。「鬼《おに》」が「怒《お》こる」と書《か》くこの川《かわ》は、昔《むかし》から氾濫《はんらん》する暴《あば》れ川《がわ》として有名《ゆうめい》です。川《かわ》が「どうどう」と音《おと》を立《た》てながら流《なが》れ出《だ》すと、いつ洪水《こうずい》になるかと人々《ひとびと》は恐怖《きょうふ》に落《お》ち入《い》ります。この「どうどう」という音《おと》の恐《おそ》ろしさは、ただの鬼《おに》の怖《こわ》さではなく、百個《ひゃっこ》の目《め》を持《も》った鬼《おに》ほど怖《こわ》いことから「どうどう」に「百目鬼」の文字《もじ》を当《あ》て名字《みょうじ》となりました。

百目鬼

MEMO

川《かわ》が氾濫《はんらん》する「どうどう」という音《おと》に関《かん》しては、「百百（とど・どうどう）」や「百々（とど・どうどう）」という地名《ちめい》や名字《みょうじ》もあります。

茨城《いばらき》
Ibaraki

八月朔日

ほづみ

「八月朔日《ほづみ》」という名字《みょうじ》は、農業《のうぎょう》から生《う》まれました。日本《にほん》では、昔《むかし》から稲作《いなさく》が行《おこな》われて来《き》ましたが、秋《あき》に稲《いね》の穂《ほ》を刈《か》り取《と》って積《つ》み、神殿《しんでん》に捧《ささ》げました。この刈《か》り取《と》りの時期《じき》が旧《きゅう》暦《れき》の八月朔日《はちがつついたち》（一日）だったことから、「八月朔日」で「ほづみ」と読《よ》みます。ちなみに、旧暦《きゅうれき》の八月朔日《はちがつついたち》は、現在《げんざい》の暦《こよみ》に置《お》き換《か》えると九月中《くがつちゅう》旬《じゅん》に当《あ》たります。

古代氏族《こだいしぞく》に「穂積《ほづみ》」氏《し》がおり、「八月朔日《ほづみ》」氏《し》も元々《もともと》は「穂積」氏《し》で、いつの時代《じだい》かに「八月朔日」に変《か》えたと考《かんが》えられます。

八月朔日

MEMO

「鈴木《すずき》」という名字《みょうじ》は、紀州熊野地方《きしゅうくまのちほう》（和歌山県《わかやまけん》）で稲穂《いなほ》の事《こと》を「すすき」と呼《よ》んだことから熊野神社《くまのじんじゃ》の神主《かんぬし》が「すすき」に「鈴木」の文字《もじ》を当《あ》て名字《みょうじ》にしました。

九石

さざらし

「九石《さざらし》」という名字《みょうじ》は、地名《ちめい》から生《う》まれました。栃木県茂木町《とちぎけんもてぎまち》に「九《さざ》石《らし》」という地名《ちめい》があります。古《ふる》くは九石城《さざらしじょう》も存在《そんざい》し、その城《しろ》に関係《かんけい》した一族《いちぞく》が名乗《なの》った名字《みょうじ》と考《かんが》えられます。

「九石」を「さざらし」と読《よ》むのは、この地域《ちいき》に小石《こいし》（細石《さざれいし》）が多《おお》く「さざれいし」が「さざらし」に変《へん》化《か》したためと考《かんが》えられます。また「細石」に「九石」を当《あ》てたのは、村《むら》の鎮守様《ちんじゅさま》の祭田《さいでん》に、九《ここの》つの石《いし》で飾《かざ》られた竹製《たけせい》のササラがあったからと言《い》われています。

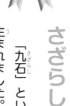

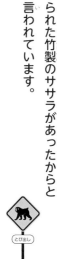

MEMO

「九石」という地名《ちめい》は、岩手県《いわてけん》金ケ崎町《かねがさきちょう》にも存在《そんざい》していますが、金ケ崎町《かねがさきちょう》では「さざらいし」と呼《よ》んでいます。

栃木《とちぎ》
Tochigi

首長

しゅなが

「首長《しゅなが》」という名字《みょうじ》は、役職《やくしょく》から生《う》まれました。市長《しちょう》や町長《ちょうちょう》など行政《ぎょうせい》の最高責任者《さいこうせきにんしゃ》を「首長《しゅちょう》」と呼《よ》ぶことがありますが、古代《こだい》においても、国《くに》や集落《しゅうらく》をまとめる長《おさ》が存在《そんざい》していました。「首長《しゅなが》」氏《し》の先祖《せんぞ》は、そのような地位《ちい》にあったことから「首長《しゅなが》」を名字《みょうじ》にしたと考《かんが》えられます。ちなみに一部《いちぶ》では「首長」を「しなが」と読《よ》む家《いえ》もあります。

「首長《しゅなが》」以外《いがい》にも「市長《いちなが》」という名字《みょうじ》が大阪府《おおさかふ》に、「町長《まちなが》」という名《みょう》字《じ》が千葉県《ちばけん》に、「村長《むらおさ》」という名字《みょうじ》が滋賀県《しがけん》に存在《そんざい》しています。

MEMO

「●長」以外《いがい》にも国《くに》や集落《しゅうらく》をまとめる役職《やくしょく》に、「国《こく》司《し》」や「村主《すぐり》」などがあります。これらの名字《みょうじ》も存《そん》在《ざい》しています。

栃木《とちぎ》
Tochigi

発生川

けぶかわ

「発生川《けぶかわ》」という名字《みょうじ》は、川《かわ》の水《すい》蒸気《じょうき》から生《う》まれました。

栃木市《とちぎし》には「発生《けぶ》」という地名《ちめい》があり、その地域《ちいき》には「思川《おもいがわ》」という川《かわ》が流《なが》れています。発生《けぶ》地域《ちいき》は、思《おも》川《がわ》から立《た》ち上《のぼ》る水蒸気《すいじょうき》で煙《けむり》がかかっているように見《み》えたことから「煙《けぶり》村《むら》」とも呼《よ》ばれたそうです。煙《けむり》のかかる景色《けしき》が素晴《すば》らしかったため、発《け》生《ぶ》地域《ちいき》に住《す》んだ人《ひと》たちは、元々《もともと》の地《ち》名《めい》の「発生《けぶ》」に「けぶり」を掛《か》け、その煙《けむり》を発生《はっせい》させる「思川《おもいがわ》」の「川《かわ》」をとって「発生川《けぶかわ》」という名字《みょうじ》にしたのではないかと考《かんが》えられます。

癸生川

MEMO

思川《おもいがわ》を挟《はさ》んで、癸生《けぶ》地区《ちく》の対岸《たいがん》には壬生《みぶ》という地《ち》名《めい》があり、「癸生《けぶ》」と「壬生《みぶ》」が対峙《たいじ》しています。

ちなみに、壬生《みぶ》とは水辺《みずべ》を表《あらわ》す言葉《ことば》です。

栃木《とちぎ》 Tochigi

五月女

このへん

めずらし度

さおとめ・そうとめ

「五月女（さおとめ・そうとめ）」という名字《みょうじ》は、田植《たう》えから生《う》まれました。「さおとめ」という言葉《ことば》は、古《ふる》くは稲《いね》の苗《なえ》（早苗《さなえ》）を植《う》える女性《じょせい》を指《さ》し「早乙女」の文字《もじ》が当《あ》てられました。栃木県《とちぎけん》さくら市《し》（旧喜連川《きゅうきつれがわ》町《まち》）には、早乙女《さおとめ》が神事《しんじ》を行《おこな》った場《ば》所《しょ》として早乙女《そうとめ》という地名《ちめい》も残《のこ》っており、栃木県内《とちぎけんない》には「早乙女（さおとめ・そうとめ）」という名字《みょうじ》もあります。「五月女」という名字《みょうじ》も、元々《もともと》は「早乙女」であったと思《おも》われ、田植《たう》えが五月頃《ごがつごろ》に行《おこな》われることから「五月女」の文字《もじ》になったと考《かんが》えられます。

カッコいい名字《みょうじ》です

五月女

MEMO

茨城県《いばらきけん》大子町《だいごまち》に存在《そんざい》する近津神社《ちかつじんじゃ》では、今《いま》でも夏《げ》至《し》の日《ひ》に早乙女《さおとめ》による「中田植《ちゅうだうえ》」と呼《よ》ばれる御田植《おたうえ》祭《まつり》が行《おこな》われています。

栃木《とちぎ》
Tochigi

大豆生田

おおまみゅうだ

「大豆生田《おおまみゅうだ》」という名字《みょうじ》は、地名《ちめい》から生《う》まれました。山梨県《やまなしけん》北杜市《ほくとし》に大豆生田《まみょうだ》という地名《ちめい》があります。そこに住《す》んでいた人《ひと》たちが、古《ふる》い時代《じだい》に栃木市《とちぎし》に移《うつ》り住《す》み、故郷《こきょう》の地名《ちめい》である「大豆生田」を名字《みょうじ》にしたと考《かんが》えられます。

読《よ》み方《かた》は、栃木県《とちぎけん》には「生」の文《も》字《じ》を使《つか》った「沼生《ぬまにゅう》」や「玉生《たまにゅう》」など、「生」を「にゅう」と読《よ》ませる名字《みょうじ》が多《おお》いことから、「まみょうだ」も「まみゅうだ」と読《よ》むようになり、またいつの時代《じだい》かに「大」も発音《はつおん》するようになって「大豆生田《おおまみゅうだ》」になったと思《おも》われます。

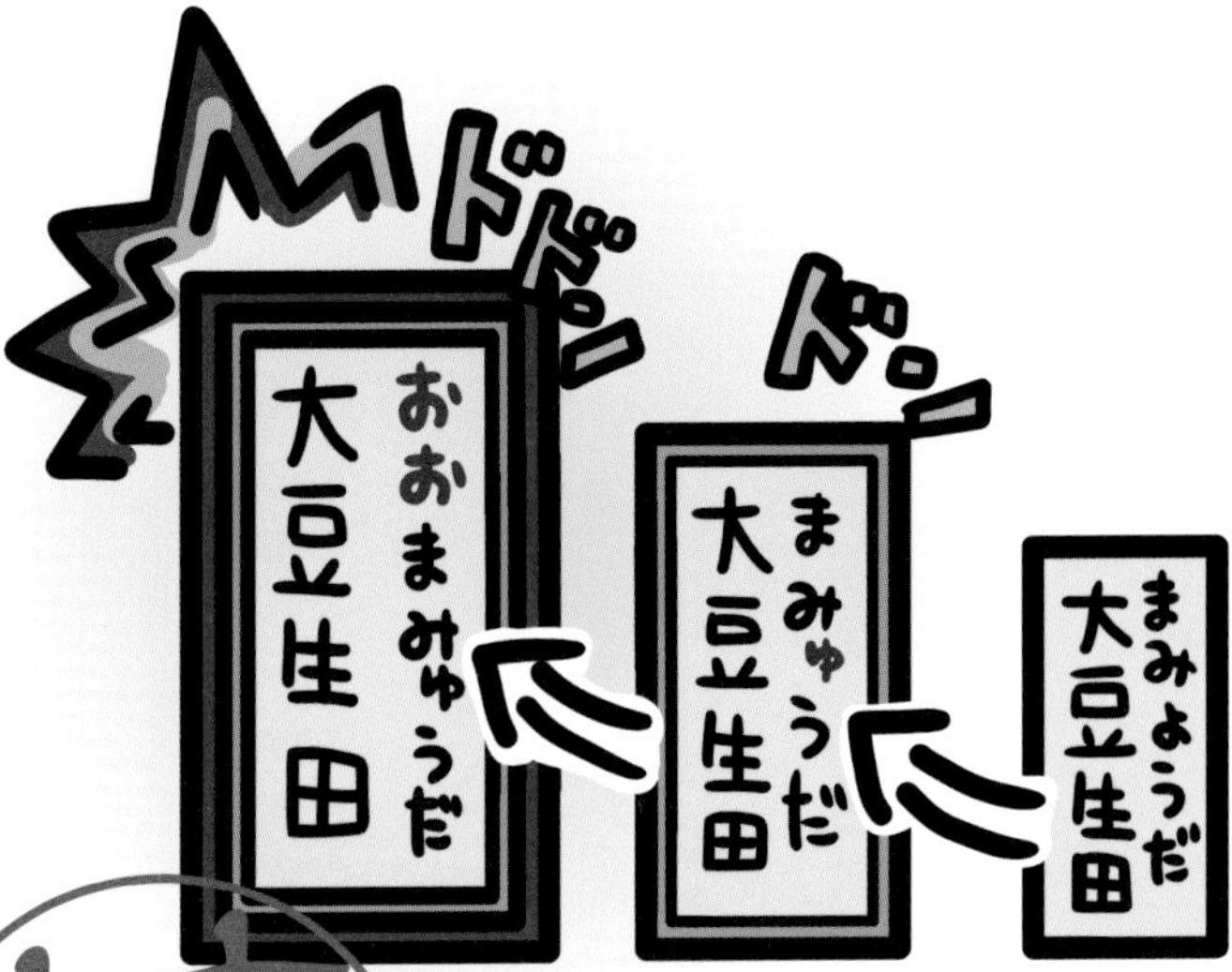

MEMO

茨城県《いばらきけん》には「小豆畑《あずはた》」という名字《みょうじ》があります。大《だい》豆《ず》は「田《た》んぼ」で、小豆《あずき》は「畑《はたけ》」での栽培《さいばい》が適《てき》していますので、理《り》にかなった名字《みょうじ》です。

群馬《ぐんま》

Gunma

あざみ

「薊《あざみ》」という名字《みょうじ》は、ある名字《みょうじ》から生《う》まれました。

「薊《あざみ》」とは、日本各地《にほんかくち》で春《はる》から秋《あき》にかけて咲《さ》く紅紫色《こうししょく》のキク科《か》の多年《たねん》生植物《せいしょくぶつ》です。しかし、その花《はな》の名前《なまえ》を名字《みょうじ》にしたのではなく、「浅見《あさみ》」という名字《みょうじ》から「薊《あざみ》」に変《か》えたのだと考《かんが》えられます。埼玉県《さいたまけん》には「浅《あさ》見《み》」という名字《みょうじ》がとても多《おお》く、由来《ゆらい》は埼玉県本庄市《さいたまけんほんじょうし》にある浅見《あさみ》という地《ち》名《めい》です。この「浅見《あさみ》」氏《し》が群馬県《ぐんまけん》に来《き》た際《さい》に「あざみ」と濁《にご》り、いつしか音《おと》に合《あ》わせて「薊」の文字《もじ》を当《あ》てたと考《かんが》えられます。

薊

MEMO

「あざみ」という名字《みょうじ》には他《ほか》にも様々《さまざま》な文字《もじ》が当《あ》てられ、千葉県《ちばけん》では「莇」、埼玉県《さいたまけん》では「生明」の名字《みょうじ》が存在《そんざい》しています。

群馬《ぐんま》
Gunma

毒島

ぶすじま

「毒島《ぶすじま》」という名字《みょうじ》は、植物《しょくぶつ》から生《う》まれました。トリカブトという猛《もう》毒《どく》を持《も》った植物《しょくぶつ》がありますが、このトリカブトの根《ね》から取《と》った毒《どく》のことを「附子《ぶす》」と呼《よ》んでいたことから、「毒島」で「ぶすじま」と読《よ》みます。「毒島《ぶすじま》」という名字《みょうじ》が生《う》まれた地域《ちいき》にはトリカブトが多《おお》く繁殖《はんしょく》していたと思《おも》われます。

群馬県《ぐんまけん》にはかつて毒島城《ぶすじまじょう》があり、この城《しろ》に関係《かんけい》した一族《いちぞく》が「毒島《ぶすじま》」を名乗《なの》りました。彼《かれ》らは採取《さいしゅ》したトリカブトの毒《どく》を武器《ぶき》や薬《くすり》に使用《しよう》していたのではないかと考《かんが》えられます。

毒島

MEMO

狂言《きょうげん》に「附子《ぶす》」という演目があります。太郎冠者《たろうかじゃ》と次郎冠者《じろうかじゃ》が主人《しゅじん》の留守《るす》の間《あいだ》に砂糖《さとう》を食《た》べてしまい、ごまかす為《ため》に「毒（ぶす）を食《た》べた」と言《い》い訳《わけ》するお話《はなし》です。

群馬《ぐんま》

Gunma

太古前

たいこまえ

「太古前《たいこまえ》」という名字《みょうじ》は、古《ふる》さから生《う》まれました。「太古前《たいこまえ》」家《け》は、その地域《ちいき》の土地《とち》を切《き》り開《ひら》いた最《もっと》も古《ふる》い家《いえ》だったので、一番古《いちばんふる》い家《いえ》と分《わ》かるような名字《みょうじ》を考《かんが》えました。

日本《にほん》には、「奈良《なら》」や「鎌倉《かまくら》」など古《ふる》い時代《じだい》の名前《なまえ》の名字《みょうじ》がありますが、それよりも古《ふる》い時代《じだい》のことを太古《たいこ》と呼《よ》びます。「太古《たいこ》」という名字《みょうじ》も実《じつ》は新潟県《にいがたけん》に存在《そんざい》していますが、さらに「前《まえ》」をつけて「太古前《たいこまえ》」とし、これ以上《いじょう》ない古《ふる》い時代《じだい》を表現《ひょうげん》しました。読《よ》み方《かた》では最《もっと》も古《ふる》い名字《みょうじ》になります。

太古前

MEMO

群馬県《ぐんまけん》には、「大胡《おおご》」という地名《ちめい》がありますが、「だいご」とも読《よ》むことができるため、「おおご→だいご→たいこ」と変化《へんか》し、そこから「太古」になったことも考《かんが》えられます。

群馬《ぐんま》
Gunma

土筆

つくし

「土筆《つくし》」という名字《みょうじ》は、旧国名《きゅうこくめい》から生《う》まれました。国名《こくめい》といっても「土筆《つくし》」という国《こく》ではありません。現在《げんざい》の福岡県《ふくおかけん》にあたる「筑紫《つくし》」という国《こく》です。

「土筆《つくし》」氏《し》の先祖《せんぞ》は、元々《もともと》「筑紫《つくし》」という名字《みょうじ》であったと思《おも》われ、古《ふる》い時代《じだい》に筑紫国《つくしのくに》から上野国《こうずけのくに》（現群馬《げんぐんま》県《けん》）に移《うつ》り住《す》み、いつの時代《じだい》かに「筑紫《つくし》」を同《おな》じ読《よ》み方《かた》の「土筆《つくし》」に変《か》えたのだと考《かんが》えられます。

北関東《きたかんとう》から南東北地方《みなみとうほくちほう》には九州《きゅうしゅう》の地名《ちめい》の名字《みょうじ》が多《おお》く、菊池氏《きくちし》や飯塚氏《いいづかし》、宗像氏《むなかたし》などもいます。彼《かれ》らは九州《きゅうしゅう》から移住《いじゅう》してきました。

土筆

MEMO

日本《にほん》には、かつて常陸国《ひたちのくに》や近江国《おうみのくに》、肥後国《ひごのくに》などたくさんの国《くに》が存在《そんざい》しましたが、このような旧国名《きゅうこくめい》は全《すべ》て名字《みょうじ》として存在《そんざい》しています。

歩行田

かちた

「歩行田《かちた》」という名字《みょうじ》は、言葉《ことば》から生《う》まれました。昔《むかし》、乗物《のりもの》や馬《うま》に乗《の》らずに歩《ある》くことを「かち」と言《い》いました。つまり、歩行《ほこう》することを「かち」と言《い》うので、「歩行田」で「かちた」になります。

「かち」という言葉《ことば》は、徒歩《とほ》で行《ぎょう》列《れつ》のお供《とも》をする武士《ぶし》などに使《つか》われた言葉《ことば》なので、「歩行田《かちた》」氏《し》も武士《ぶし》であったと思《おも》われます。また、もともと「勝田（かちた・かつた）」という名字《みょうじ》であったものを、何《なん》らかの理《り》由《ゆう》で「かち」の音《おと》に「歩行」の文字《もじ》を当《あ》て「歩行田」になったことも考《かんが》えられます。

MEMO

東京《とうきょう》都《と》には御徒町《おかちまち》という難読《なんどく》の駅名《えきめい》がありますが、「徒」が「歩《ある》く」という意味《いみ》なので「御徒」で「おかち」と読《よ》ませます。

このまちPick Up!

茨城県久慈郡《いばらきけんくじぐん》 大子町《だいごまち》

なぜ「大子《だいご》」？

この地域《ちいき》の湧《わ》き水《みず》が、濃厚《のうこう》で甘《あま》みのある「醍醐《だいご》」のようだったことが由来《ゆらい》。「醍醐」から「大子」に変化《へんか》した。

昔《むかし》は東北《とうほく》だった⁉

大子町《だいごまち》は茨城県《いばらきけん》の最北《さいはく》にあり、福島県《ふくしまけん》と隣接《りんせつ》している。奈良《なら》時代《じだい》～鎌倉時代《かまくらじだい》は、関東《かんとう》ではなく東北地方《とうほくちほう》に属《ぞく》していた。

茨城《いばらき》で1番大《ばんおお》きな町《まち》！

総面積《そうめんせき》は325.76㎢。県内《けんない》で1番大《ばんおお》きな町《まち》であり、市町村《しちょうそん》をあわせても3番目《ばんめ》に大《おお》きい。茨城《いばらき》県《けん》の面積《めんせき》の20分《ぶん》の1を占《し》める。

大子町《だいごまち》クイズ① 明治《めいじ》44（1911）年《ねん》に建《た》てられた木造《もくぞう》の「旧上岡小学《きゅううわおかしょうがっ》校《こう》」では、今《いま》も授業《じゅぎょう》が行《おこな》われている。〇か×か？

大子町《だいごまち》でよく見《み》る名字《みょうじ》ランキング TOP 10

順位	名字
1	菊《きく》池《ち》
2	益《まし》子《こ》
3	藤《ふじ》田《た》
4	鈴《すず》木《き》
5	斎《さい》藤《とう》
6	石《いし》井《い》
7	佐《さ》藤《とう》
8	小《お》野《の》瀬《せ》
9	大《おお》森《もり》
10	神《かみ》長《なが》

＊1990年代《ねんだい》の電話帳《でんわちょう》による

ちなみに…「髙信《たかのぶ》」は大子町《だいごまち》で第《だい》47位《い》（110人《にん》ほど）　＊日本姓氏語源辞典《にほんせいしごげんじてん》より

大子町《だいごまち》に多《おお》いのは何《なに》さん？

大子町《だいごまち》では「菊池《きくち》」が第《だい》1位《い》で、最《もっと》も軒数《けんすう》が多《おお》くなっています。第《だい》2位《い》に「益子《ましこ》」、第《だい》3位《い》に「藤田《ふじた》」、第《だい》6位《い》に「石井《いしい》」、第《だい》8位《い》に「小野瀬《おのせ》」、第《だい》9位《い》に「大森《おおもり》」、第《だい》10位《い》に「神長《かみなが》」。全国《ぜんこく》ベスト10にはない名字《みょうじ》が多数《たすう》ランクインしています。

逆《ぎゃく》に、全国《ぜんこく》ベスト10の名字《みょうじ》は、「鈴木《すずき》」・「斎藤《さいとう》」・「佐藤《さとう》」のみです。「鈴木《すずき》」は東日本《ひがしにほん》に、「斎藤《さいとう》」・「佐藤《さとう》」は東北地方《とうほくちほう》に多《おお》い名字《みょうじ》ですから、名字《みょうじ》の中《なか》からも大子町《だいごまち》がその昔《むかし》、東《とう》北地方《ほくちほう》であったことが伺《うかが》えますね。

大子町《だいごまち》クイズ②　日本《にほん》の滝《たき》でトップ3（日本三名瀑《にほんさんめいばく》）に入《はい》る袋田《ふくろだ》の滝《たき》には、観光客《かんこうきゃく》のためのエレベーターがある。○か×か？

九州《きゅうしゅう》・新潟《にいがた》からやってきた

大子町《だいごまち》の名字《みょうじ》の特徴《とくちょう》として、九州《きゅうしゅう》地方《ちほう》から移《うつ》り住《す》んだと思《おも》われる名字《みょうじ》が多《おお》いことが挙《あ》げられます。大子町《だいごまち》で一番多《いちばんおお》い「菊池《きくち》」や「肥後《ひご》」という名字《みょうじ》は熊本県発祥《くまもとけんはっしょう》です。鹿児島《かごしま》県《けん》からのものも多《おお》く、「有川《ありかわ》」・「上《かみ》妻《つま》」・「桐原《きりはら》」・「久留《くりゅう》」・「成尾《なるお》」・「別《べっ》府《ぷ》」・「美代《みよ》」などがあります。

また、新潟県発祥《にいがたけんはっしょう》の名字《みょうじ》も多《おお》く、「朝妻《あさづま》」・「石附《いしづき》」・「牛木《うしき》」・「河治《かわじ》」・「白砂《しらすな》」・「真保《しんぼ》」・「細貝《ほそがい》」・「槙口《まきぐち》」・「目崎《めさき》」・「森林《もりばやし》」・「山保《やまほ》」・「鷲頭《わしず》」などがあります。

大子町《だいごまち》クイズ③　大子町《だいごまち》の温泉《おんせん》では、名産《めいさん》の奥久慈《おくくじ》りんごを使《つか》った「りんご風呂《ぶろ》」が人気《にんき》である。○か×か？

泊《と》めたお礼《れい》に

旅沢姓《たびさわせい》は、大子町《だいごまち》だけに存在《そんざい》する貴重《きちょう》な名字《みょうじ》。水戸徳川家《みとこくがわけ》の第《だい》９代藩主《だいはんしゅ》・徳川《とくがわ》斉昭《なりあき》が名付《なづ》けたものです。斉昭《なりあき》が、大子《だいご》町《まち》にある八溝山《やみぞさん》（栃木県《とちぎけん》・福島県《ふくしまけん》にまたがる県内最高峰《けんないさいこうほう》）に登《のぼ》る旅《たび》の途中《とちゅう》で、登《と》山口《ざんぐち》に近《ちか》い家《いえ》に宿泊《しゅくはく》し、そのお礼《れい》に「旅《たび》沢《さわ》」の名字《みょうじ》を与《あた》えました。

恐《おそ》ろしい事件《じけん》がきっかけ

関ヶ原《せきがはら》の戦《たたか》いの後《あと》、常陸国《ひたちのくに》はそれまでの佐竹氏《さたけし》から徳川氏《とくがわし》が治《おさ》めることとなりました。戦《たたか》いの翌年《よくとし》、年貢米《ねんぐまい》を取《と》りに来《き》た水戸藩《みとはん》の侍《さむらい》が痛《いた》めつけられる事件《じけん》（「生瀬《なませ》の乱《らん》」とも言《い》われる）があり、その時御代家《ときみよけ》の先祖《せんぞ》が水戸藩《みとはん》の侍《さむらい》の一人《ひとり》を助《たす》けた御礼《おれい》に「御代」の名字《みょうじ》を賜《たまわ》ったと言《い》われています。

大子町《だいごまち》クイズ④　浅川《あさかわ》という地《ち》にある熊野神社《くまのじんじゃ》では、10年《ねん》に一度《いちど》だけ行《おこな》われる伝統行事《でんとうぎょうじ》がある。○か×か？

見《み》どころ

袋田《ふくろだ》の滝《たき》キャラクター
たき丸《まる》

袋田《ふくろだ》の滝《たき》

高《たか》さ120m、幅《はば》73mの大《おお》きさを誇《ほこ》る袋田《ふくろだ》の滝《たき》は、日本三《にほんさん》名瀑《めいばく》の一《ひと》つです。大岩壁《だいがんぺき》を4段《だん》に分《わ》かれて落下《らっか》することから、別名《べつめい》「四度《よど》の滝《たき》」とも呼《よ》ばれています。その迫力《はくりょく》は圧巻《あっかん》です。

奥久慈《おくくじ》しゃも

「全国特殊鶏《ぜんこくとくしゅどり》（地鶏《じどり》）味《あじ》の品評会《ひんぴょうかい》」で第《だい》1位《い》に評価《ひょうか》された「奥久慈《おくくじ》しゃも」。低脂肪《ていしぼう》で歯《は》ごたえがあり、深《ふか》いコクと豊《ゆた》かな味《あじ》わいが特徴《とくちょう》です。

このまち Pick Up! 大《だい》子《ご》町《まち》の

鮎《あゆ》の塩《しお》焼《や》き

浅川《あさかわ》のささら

熊野神社《くまのじんじゃ》に伝《つた》わる「浅川《あさかわ》のささら」は、江戸時代初《えどじだいしょ》期《き》から続《つづ》く奉納獅子舞《ほうのうししまい》です。茨城県《いばらきけん》の指定無形民俗《していむけいみんぞく》文化財《ぶんかざい》で、20年《ねん》に一度《いちど》お披露目《ひろめ》されます。

うーん、歴史《れきし》を感《かん》じる…

旧上岡小学校《きゅううわおかしょうがっこう》

明治時代《めいじじだい》に建《た》てられ平成《へいせい》13年《ねん》に閉《へい》校《こう》。木造校舎《もくぞうこうしゃ》も落《らく》書《が》きのある机《つくえ》も当《とう》時《じ》のまま大切《たいせつ》に保《ほ》存《ぞん》され、ドラマや映画《えいが》のロケでも利《り》用《よう》されています。

★大子町《だいごまち》クイズの答《こた》え★

① ×（閉校《へいこう》している） ② ○ ③ ○ ④ ×（20年《ねん》に一度《いちど》）

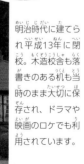

埼玉《さいたま》
Saitama

廿楽

つづら

「廿楽《つづら》」という名字《みょうじ》は、音楽《おんがく》から生《う》まれました。言《い》い伝《つた》えでは、先祖《せんぞ》が平安時代《へいあんじだい》に京都《きょうと》で雅楽《ががく》に従事《じゅうじ》しており、奏者《そうしゃ》が二十《にじゅう》（廿）人であったことから、二十人《にじゅうにん》での雅楽《ががく》で「廿《つづ》楽《ら》」という名字《みょうじ》になったそうです。

「廿」という文字《もじ》は、「十《じゅう》」を二《ふた》つ合《あ》わせた文字《もじ》です。「廿」を「つづ」と読《よ》むのは、「十《じゅう》」を昔《むかし》は「つづ」と言《い》ったことから、「十《じゅう》」が複《ふく》数《すう》で「十《つづ》ら」になったとか、「十《じゅう》が二《ふた》つ続《つづ》いている」から「つづ（続《つづ》く）」になったなど、様々《さまざま》な説《せつ》があるようです。

甘楽

MEMO

「つづら」という名字《みょうじ》には、「葛篭」や「葛籠」・「黒葛」・「甘楽」・「津々楽」・「津々良」などもあります。

埼玉《さいたま》
Saitama

女部田

おなぶた

「女部田《おなぶた》」という名字《みょうじ》は、地名《ちめい》から生《う》まれました。埼玉県秩父市《さいたまけんちちぶし》に女《おな》部田《ぶた》という地名《ちめい》があり、その地名《ちめい》を名字《みょうじ》として名乗《なの》りました。

女部田《おなぶた》という地《ち》は、昔《むかし》、平将門《たいらのまさかど》が戦《いくさ》に敗《やぶ》れて落人《おちゅうど》たちが逃《に》げて来《き》たと伝《つた》えられています。そして、女性《じょせい》と子《こ》どもたちが身《み》を守《まも》るために、赤岩《あかいわ》という洞窟《どうくつ》にしばらく住《す》んでいました。このことから「女《おんな》だけの部隊《ぶたい》」ということで「女部田《おなぶた》」という地名《ちめい》になったと言《い》われています。

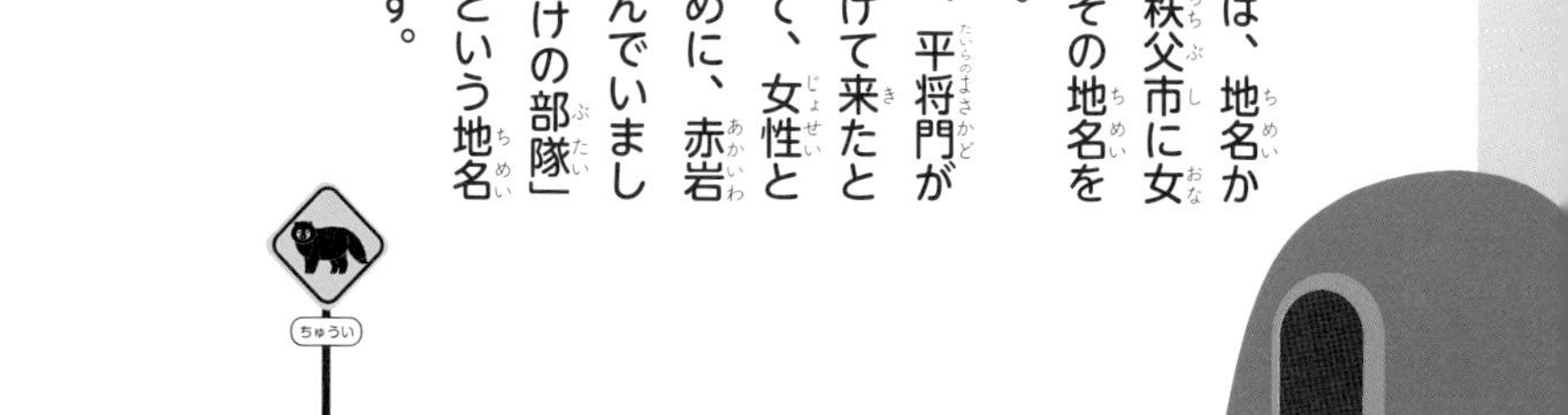

MEMO

名字《みょうじ》の中《なか》には、「男庭《おにわ》」や「男枝《おなぎ》」・「男沢《おとこざわ》」・「女《おんな》沢《ざわ》」・「女屋《おなや》」・「女池《めいけ》」など性別《せいべつ》の名字《みょうじ》も沢山《たくさん》あります。

埼玉《さいたま》

Saitama

忽滑谷

ぬかりや

「忽滑谷《ぬかりや》」という名字《みょうじ》は、地形《ちけい》から生《う》まれました。「滑谷《ぬかりや》」とは、ぬかるんだ谷《たに》を意味《いみ》しており、そのような土地《とち》に住《す》んでいた一族《いちぞく》が名乗《なの》った名字《みょうじ》と考《かんが》えられます。現在《げんざい》は確認《かくにん》できませんが、もともとは「忽滑《ぬかり》谷《や》」という地名《ちめい》があったのかもしれません。「滑谷《ぬかりや》」という地名《ちめい》が千葉《ちば》県鴨川市《けんかもがわし》に存在《そんざい》し、「滑谷《ぬかりや》」という名字《みょうじ》は岐阜県《ぎふけん》に存在《そんざい》しています。

「忽」は「急《きゅう》に」という意味《いみ》があり、「急《きゅう》に足元《あしもと》がぬかるむ」土地《とち》だったことも考《かんが》えられます。

忍滑谷

MEMO

岩手県《いわてけん》洋野町《ひろのちょう》に「泥濘《ぬかり》」という名字《みょうじ》がありますが、こちらも「ぬかるみ」に関係《かんけい》する地形《ちけい》から生《う》まれた名字《みょうじ》です。

埼玉《さいたま》
Saitama

道祖土

さいと

「道祖土《さいと》」という名字《みょうじ》は、地名《ちめい》から生《う》まれました。埼玉県《さいたまけん》さいたま市《し》の「道祖土《さいど》」や栃木県《とちぎけん》真岡市《もおかし》の「道《さ》祖土《やど》」、益子町《ましこまち》の「道祖土《さやど》」などが考《かんが》えられます。「道祖土」の「道祖」とは、道祖神《どうそじん》（さいのかみとも言《い》われる）に因《ちな》んでいます。

道祖神《どうそじん》とは、村《むら》の入《い》り口《ぐち》などにある、外《そと》から来《く》る悪霊《あくりょう》や疫病《えきびょう》などが村《むら》に入《はい》るのを防《ふせ》ぐために祀《まつ》られた神《かみ》です。青森県《あおもりけん》に存在《そんざい》している「妻神《さいのかみ》」や「才神《さいじん》」という名字《みょうじ》も、道祖神《どうそじん》から生《う》まれています。

MEMO

山口県《やまぐちけん》や鳥取県《とっとりけん》には、「道祖」という名字《みょうじ》があり、こちらは「さや」と読《よ》みます。こちらの名字《みょうじ》も、道祖神《どうそじん》が由来《ゆらい》です。

埼玉《さいたま》

Saitama

左衛門三郎

このへん

めずらし度

さえもんざぶろう

「左衛門三郎《さえもんざぶろう》」という名字《みょうじ》は、職《しょく》業《ぎょう》から生《う》まれました。日本《にほん》の律令時《りつりょうじ》代《だい》に左衛門府《さえもんふ》という役所《やくしょ》が置《お》かれ、そこで働《はたら》く者《もの》に左衛門尉《さえもんのじょう》という官職《かんしょく》が与《あた》えられました。「左衛門三郎《さえもんざぶろう》」家《け》では昔《むかし》、兄弟《きょうだい》の中《なか》で三男《さんなん》が左衛門《さえもんの》尉《じょう》になったことから、官職《かんしょく》（左衛門《さえもんの》尉《じょう》）と三男《さんなん》（三郎《さぶろう》）を併《あわ》せて「左衛《さえ》門三郎《もんざぶろう》」という名字《みょうじ》になりました。

左衛門尉《さえもんのじょう》は、府内《ふない》の取《と》り締《し》まり（皇居《こうきょ》の門《もん》の警備《けいび》）や文書《ぶんしょ》の審査《しんさ》などの仕事《しごと》を行《おこな》いました。

なんと5文字《もじ》!

MEMO

名字《みょうじ》の中《なか》に、太郎《たろう》や次郎《じろう》、四郎《しろう》、五郎等《ごろうなど》の名字《みょうじ》がありますが、これらは長男《ちょうなん》・二男《じなん》・四男《よんなん》・五男《ごなん》を表《あらわ》しています。

千《ち》葉《ば》
Chiba

畔蒜

めずらし度 ★☆☆☆☆

あびる

「畔蒜《あびる》」という名字《みょうじ》は、地名《ちめい》から生《う》まれました。鎌倉時代《かまくらじだい》から室町時《むろまちじ》代《だい》にかけて、上総国《かずさのくに》（現千葉県木更《げんちばけんきさら》津市《づし》）に畔蒜庄《あびるのしょう》という地域《ちいき》が存在《そんざい》し、ここから「畔蒜《あびる》」という名字《みょうじ》が生《う》まれました。「畔（あぜ）」とは、田《た》んぼの小《ち》さな土手《どて》を指《さ》し、「蒜（ひる）」とは、「ノビル」というヒガンバナ科《か》の多年草《たねんそう》のことなので、土手《どて》にノビルが生《は》えていた様子《ようす》から付《つ》けられた地名《ちめい》と考《かんが》えられます。

千葉県《ちばけん》に存在《そんざい》する「安蒜《あびる》」・「阿《あ》蒜《びる》」・「安蛭《あびる》」・「阿蛭《あびる》」氏《し》も同族《どうぞく》と考《かんが》えられます。

畔蒜

MEMO

長崎県対馬市《ながさきけんつしまし》には「阿比留《あびる》」という名字《みょうじ》が存在《そんざい》しますが、こちらの名字《みょうじ》も上総国畔蒜庄《かずさのくにあびるのしょう》が由来《ゆらい》とされています。

千葉《ちば》
Chiba

山老

ところ

「山老《ところ》」という名字《みょうじ》は、植物《しょくぶつ》から生《う》まれました。「野老《ところ》」というヤマノイモ科《か》のつる性《せい》の多年草《たねんそう》です。「野老《ところ》」の根《ね》はひげ根《ね》で、「老《ろう》人《じん》の髭《ひげ》」に似《に》ていることから「老」の文字《もじ》が当《あ》てられています。また、「野老《ところ》」が野山《のやま》に生《は》えることから「山老」で「ところ」という名字《みょうじ》になりました。

埼玉県《さいたまけん》に所沢市《ところざわし》という地名《ちめい》がありますが、そこには植物《しょくぶつ》の野老《ところ》がたくさん生《は》えていた沢《さわ》があったのかもしれません。

MEMO

「所《ところ》」という名字《みょうじ》もありますが、こちらは「所司《しょし》」という職業《しょくぎょう》から生《う》まれた名字《みょうじ》です。

千葉《ちば》

Chiba

忍足

おしたり

「忍足《おしたり》」という名字《みょうじ》は、地名《ちめい》から生《う》まれました。埼玉県東松山市《さいたまけんひがしまつやまし》にある押垂《おしだり》という地名《ちめい》です。「押垂《おしたれ》」という名字《みょうじ》が千葉県《ちばけん》に存在《そんざい》していますが、「忍足《おしたり》」氏《し》も、もともとは「押《おし》垂《たれ》」であったことが考《かんが》えられます。

藤原氏《ふじわらし》の後裔《こうえい》であるとの言《い》い伝《つた》えもある「押垂《おしたれ》」氏《し》が、戦《いくさ》で落人《おちゅうど》になった際《さい》、身《み》を隠《かく》すという意味《いみ》の「忍《しのび》」と、藤原氏の祖である藤原鎌《ふじわらのかま》足《たり》の「足《あし》」を合《あ》わせて「忍足《おしたり》」という名字《みょうじ》にしたのかもしれません。

MEMO

「忍」という文字《もじ》から忍者《にんじゃ》を思《おも》い浮《う》かべますが、忍者《にんじゃ》に関係《かんけい》のある名字《みょうじ》には「雑賀《さいか》」や「根来《ねごろ》」があります。

千《ら》葉《ば》
Chiba

香焼

こうたき

「香焼《こうたき》」という名字《みょうじ》は、地名《ちめい》から生《う》まれました。長崎県長崎市《ながさきけんながさきし》にある香焼《こうやぎ》という地名《ちめい》です。「香焼《こうやぎ》」の地《ち》名《めい》の由来《ゆらい》は、弘法大師《こうぼうだいし》の香焼伝説《こうやぎでんせつ》にあると言《い》われています。弘法大師《こうぼうだいし》が唐《とう》へ渡《わた》る際《さい》にある島《しま》へたどり着《つ》きました。そこで香《こう》を焚《た》いたことから「香焼《こうやぎ》」という地名《ちめい》となり、後《のち》に香《こう》焼山《やぎさん》「円福寺《えんぷくじ》」を創立《そうりつ》したと伝《つた》えられています。

やがて、この地《ち》に住《す》んでいた一族《いちぞく》が千葉県《ちばけん》に移《うつ》り住《す》み、故郷《こきょう》の「香焼」の地名《ちめい》を名字《みょうじ》にしたと考《かんが》えられます。

MEMO

「香焼」は、地名《ちめい》では「こうやぎ」と読《よ》みますが、香《こう》は焚《た》くものなので名字《みょうじ》では「こうたき」と読《よ》ませたのかもしれません。

千葉《ちば》
Chiba

醤油

しょうゆ

「醤油《しょうゆ》」という名字《みょうじ》は、調味料《ちょうみりょう》の醤油《しょうゆ》から生《う》まれました。「醤油《しょうゆ》」家《け》の先祖《せんぞ》が醤油《しょうゆ》を使《つか》った仕事《しごと》をしていたことから名乗《なの》った名字《みょうじ》と言《い》われています。

醤油《しょうゆ》は、昔《むかし》から日本各地《にほんかくち》で生産《せいさん》されていますが、「醤油《しょうゆ》」という名字《みょうじ》は千葉県《ちばけん》だけに存在《そんざい》しています。現《げん》在《ざい》では、千葉県《ちばけん》が醤油《しょうゆ》の生産量日本《せいさんりょうにほん》一《いち》なので、「醤油《しょうゆ》」と言《い》えば千葉県《ちばけん》を思《おも》い浮《う》かべますが、「醤油《しょうゆ》」という名字《みょうじ》が千葉県《ちばけん》に存在《そんざい》していることも何《なに》か不思議《ふしぎ》な縁《えん》を感《かん》じます。

しょうゆ
だよ
ひとつ
もらおう
じゃないか
しょうゆ
醤油

MEMO

調味料《ちょうみりょう》に関《かん》する名字《みょうじ》では、「砂糖《さとう》」が宮崎県《みやざきけん》に、「塩《しお》」が福島県《ふくしまけん》に、「酢《す》」が富山県《とやまけん》に、「味噌《みそ》」が北《ほっ》海道《かいどう》に存在《そんざい》しています。

私市

きさいち

「私市《きさいち》」という名字《みょうじ》は、地名《ちめい》から生《う》まれました。大阪府交野市私市《おおさかふかたのしきさいち》の地名《ちめい》です。

「私市《きさいち》」という地名《ちめい》は、朝廷《ちょうてい》において皇后《こうごう》の手助《てだす》けをする「私部《きさべ》」で働《はたら》く人《ひと》たちが住《す》んだ土地《とち》に付《つ》けられた地名《ちめい》と考《かんが》えられます。「きさいち」と読《よ》むのは、「私」が「后《きさき》」に関《かか》わる仕事《しごと》を指《さ》すことから「私市」で「きさいち」になります。畿内《きない》（現《げん》近畿地方辺《きんきちほうあた》り）で生《う》まれた「私市《きさいち》」の名字《みょうじ》が、やがて武蔵国《むさしのくに》（現東京都《げんとうきょうと》）や越前国《えちぜんのくに》（現福井県《げんふくいけん》）に広《ひろ》まったと考《かんが》えられます。

私市

MEMO

「私市《きさいち》」という名字《みょうじ》が存在《そんざい》する地域《ちいき》に「乙訓《おとくに》」という京都《きょうと》の地名《ちめい》の名字《みょうじ》が存在《そんざい》します。互《たが》いに何《なに》か、関係《かんけい》があるのかもしれません。

東京《とうきょう》

Tokyo

小作

こざく

「小作《こざく》」という名字《みょうじ》は、地名《ちめい》から生《う》まれました。現在《げんざい》の東京都《とうきょうと》羽村市《はむらし》小作台付近《おざくだいふきん》になります。「小作《おざく》」という地名《ちめい》の由来《ゆらい》は、一説《いっせつ》には長野県《ながのけん》佐久地方《さくちほう》に似《に》た地形《ちけい》であったことから「小《ちい》さな佐久《さく》」で「小佐久《こさく》」と呼《よ》ばれ、やがて「小作《おざく》」になったとも言《い》われています。

「小作《こさく》」と言《い》えば、一般《いっぱん》に地主《じぬし》や庄屋《しょうや》から土地《とち》を借《か》りて耕作《こうさく》することを言《い》いますが、名字《みょうじ》の「小作《こざく》」は耕《こう》作《さく》の「小作《こさく》」とは関係《かんけい》がないようです。

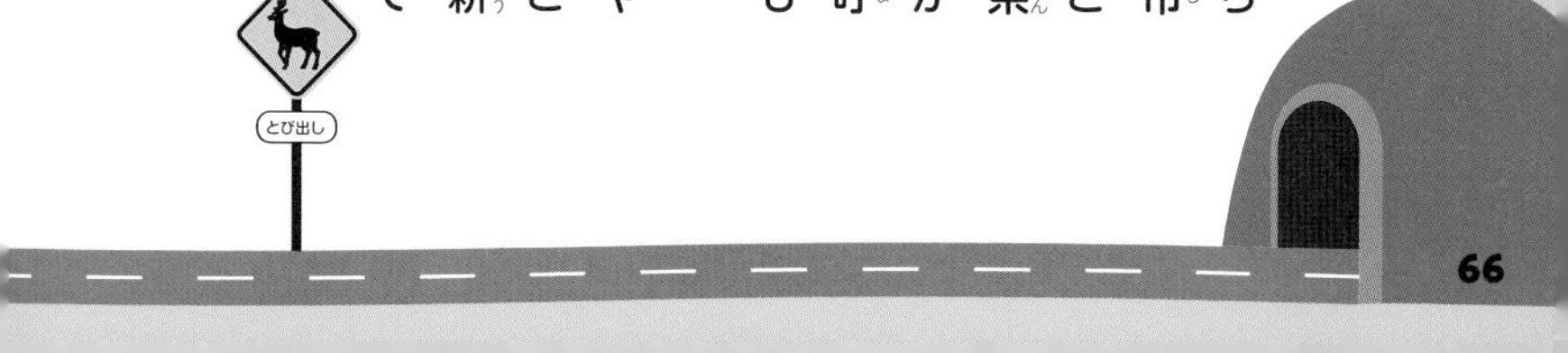

小作

MEMO

「地主《じぬし》」という名字《みょうじ》の方《かた》から伺《うかが》ったお話《はなし》ですが、お子《こ》さんの職場《しょくば》で「小作《こざく》」課長《かちょう》さん、「庄屋《しょうや》」係長《かかりちょう》さん、「地主《じぬし》」係員《かかりいん》さんが一緒《いっしょ》に仕事《しごと》をしていたそうです。

志豆機

しずはた

「志豆機《しずはた》」という名字《みょうじ》は、地名《ちめい》から生《う》まれました。

「志豆機《しずはた》」という名字《みょうじ》は、静岡県《しずおかけん》静岡市《しずおかし》にある賤機山《しずはたやま》という山《やま》の麓《ふもと》にある、浅間神社《せんげんじんじゃ》の神官《しんかん》が名乗《なの》った名字《みょうじ》です。「賤」ではなく「志豆」にしたのは、「賤」があまり良《よ》い意味《いみ》で使《つか》われる文字《もじ》ではなかったため、あえて「賤」の文字《もじ》を避《さ》け、違《ちが》う文字《もじ》で同《おな》じ音《おと》の「志豆機」にしたと伝《つた》えられています。

「志豆」にしたのは、静岡県《しずおかけん》にある「伊豆《いず》」という地名《ちめい》に合《あ》わせて「志豆《しず》」にしたことが考《かんが》えられます。

MEMO

「静岡《しずおか》」市《し》の「静《しず》」も、「賤機《しずはた》」の「賤《しず》」が語源《ごげん》といわれています。

東京《とうきょう》
Tokyo

長戸路

めずらし度 ★★★★

ながとろ

「長戸路《ながとろ》」という名字《みょうじ》は、地名《ちめい》から生《う》まれました。現在《げんざい》「長戸路《ながとろ》」という地名《ちめい》は確認《かくにん》できませんが、昔《むかし》「長戸呂《ながとろ》」という地名《ちめい》が現在《げんざい》の埼玉《さいたま》県《けん》三郷市《みさとし》にあったようで、文字《もじ》を変《か》えて「長戸路」にしたと考《かんが》えられます。

「長戸路《ながとろ》」という名字《みょうじ》が、埼玉県《さいたまけん》から遠《とお》く離《はな》れた八丈島《はちじょうじま》に存在《そんざい》するのは、戦国時代《せんごくじだい》に小田原北条氏《おだわらほうじょうし》の代官《だいかん》として「長戸路《ながとろ》」氏《し》が派遣《はけん》されたからと言《い》われています。

ちなみに「長瀞《ながとろ》」という名字《みょうじ》が山《やま》形県《がたけん》に、「長土呂《ながとろ》」という名字《みょうじ》が埼《さい》玉県《たまけん》に存在《そんざい》しています。

長戸路

MEMO

「長瀞《ながとろ》」という地名《ちめい》が埼玉県秩父郡《さいたまけんちちぶぐん》に存在《そんざい》していますが、「瀞《とろ》」とは河川《かせん》の流《なが》れの静《しず》かな所《ところ》を指《さ》す言《こと》葉《ば》で、「長戸呂《ながとろ》」の近《ちか》くにも穏《おだ》やかな川《かわ》が流《なが》れていたのかもしれません。

東京《とうきょう》
Tokyo

大炊御門

おおいみかど

「大炊御門《おおいみかど》」という名字《みょうじ》は、通《とお》りの名前《なまえ》から生《う》まれました。平安京《へいあんきょう》にあった大炊御門大路《おおいのみかどおおじ》（現京都府京都《げんきょうとふきょうと》市中京区《しなかぎょうく》辺《あた》り）沿《ぞ》いに屋敷《やしき》があったことから「大炊御門《おおいみかど》」を家名《かめい》とし、後《のち》に名字《みょうじ》として名乗《なの》りました。

最初《さいしょ》に名乗《なの》ったのは、平安時代後《へいあんじだいこう》期《き》の関白藤原師実《かんぱくふじわらのもろざね》の三男藤原経実《さんなんふじわらのつねざね》とされています。公家《くげ》であったことから代々京都御所《だいだいきょうとごしょ》の近《ちか》くに住《す》んでいましたが、明治時代《めいじじだい》になって都《みやこ》が京都《きょうと》から東京《とうきょう》に遷都《せんと》したことから、大炊《おおい》御門家《みかどけ》も東京《とうきょう》に移《うつ》り住《す》みました。

MEMO

京都《きょうと》には様々《さまざま》な通《とお》りがありますが、それらの通《とお》りの名前《なまえ》である「烏丸《からすま》」や「武者小路《むしゃのこうじ》」などの名字《みょうじ》もあります。

神奈川《かながわ》
Kanagawa

権守

ごんのかみ

「権守《ごんのかみ》」という名字《みょうじ》は、官職《かんしょく》から生《う》まれました。

日本《にほん》の律令制時代《りつりょうせいじだい》に朝廷《ちょうてい》から国司《こくし》として各地《かくち》に役人《やくにん》が派遣《はけん》されました。その役人《やくにん》に与《あた》えられた官職《かんしょく》に、「守《かみ》」・「介《すけ》」・「掾《じょう》」・「目《さかん》」の四等官《しとうかん》がありました。中《なか》でも「守《かみ》」が最上《さいじょう》位《い》です。「権《ごん》」とは「命《めい》を受《う》けて従《じゅう》事《じ》する」こととされており、神社《じんじゃ》の「権祢宜《ごんねぎ》」などにも使《つか》われる言葉《ことば》です。「権守《ごんのかみ》」氏《し》は朝廷《ちょうてい》から直接指示《ちょくせつしじ》を受《う》けて執務《しつむ》に当《あ》たっていたため、その役職《やくしょく》を名字《みょうじ》としました。

MEMO

「権守」という名字《みょうじ》は、神奈川県《かながわけん》の隣《となり》の山梨県《やまなしけん》にも存在《そんざい》し、山梨県《やまなしけん》では「ごんもり」と読《よ》んでいます。

神奈川《かながわ》

Kanagawa

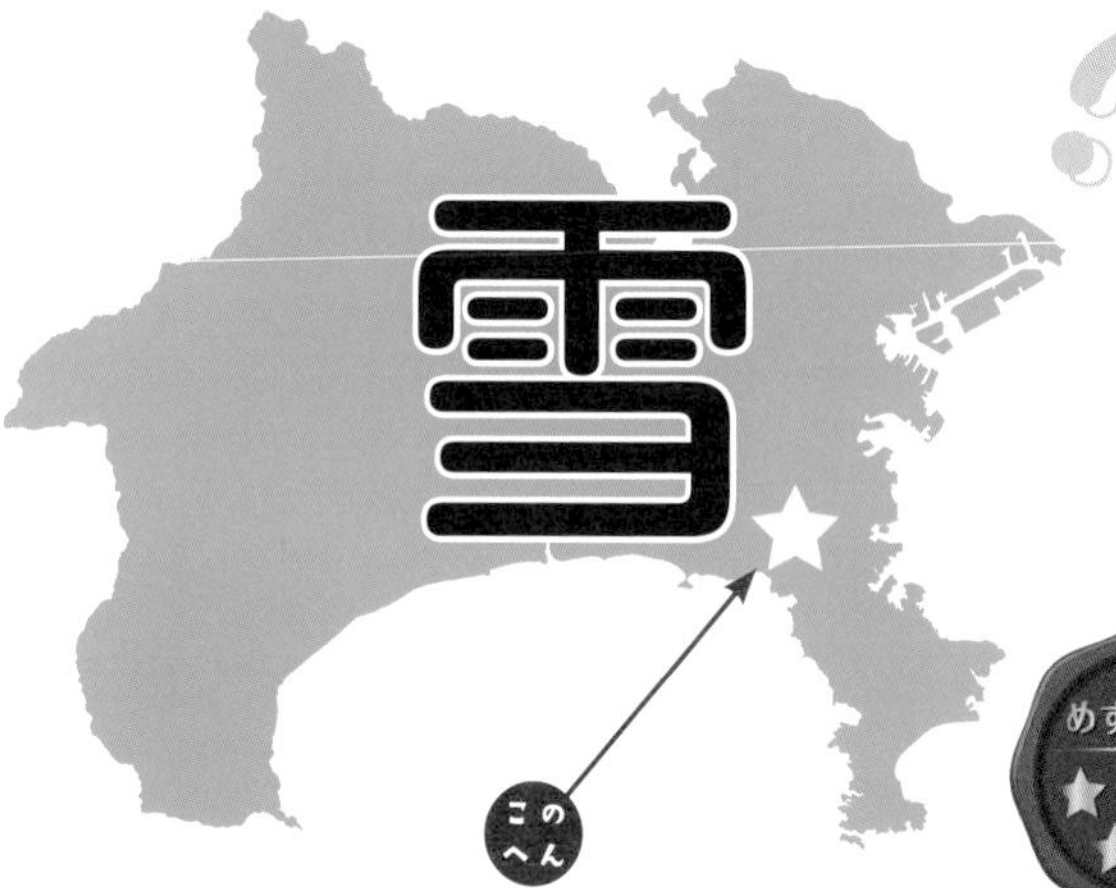

すすぎ

「雪《すすぎ》」という名字《みょうじ》は、宗教《しゅうきょう》から生《う》まれました。「雪《すす》ぐ」という言葉《ことば》の意味《いみ》を辞書《じしょ》で調《しら》べると、「汚名《おめい》や恥《はじ》を消《け》すこと」とあります。宗教《しゅうきょう》では、悔《く》いを改《あらた》める様々《さまざま》な教《おし》えがありますが、「雪《すす》ぎ」もその一《ひと》つではないかと考《かんが》えられます。

「無着《むちゃく》」という名字《みょうじ》がありますが、こちらの名字《みょうじ》は、人《ひと》は「愛着《あいちゃく》」や「執着《しゅうちゃく》」を持《も》たない（無《む》）ようにとの教《おし》えから、住職《じゅうしょく》が名乗《なの》った名字《みょうじ》です。「雪《すすぎ》」家《け》も住職《じゅうしょく》をしていることから、同《おな》じような考《かんが》えで生《う》まれた名《みょう》字《じ》なのかもしれません。

雪

MEMO

「雪《ゆき》」という名字《みょうじ》が豪雪地帯《ごうせつちたい》の福島県《ふくしまけん》や新潟県《にいがたけん》に存在《そんざい》しますが、こちらは「行《ゆき》」という名字《みょうじ》から文字《もじ》を変《か》えてできました。

神奈川《かながわ》

Kanagawa

若命

わかめ

「若命《わかめ》」という名字《みょうじ》は、神社《じんじゃ》から生《う》まれました。「若命《わかめ》」氏《し》が住《す》んでいる地域《ちいき》には秋谷神社《あきやじんじゃ》があり、祭神《さいじん》として天照大神《あまてらすおおみかみ》の他《ほか》、伊弉冉命《いざなみのみこと》、建《たけ》御名方命《みなかたのみこと》など五《いつ》つの命《みこと》が祀《まつ》られています。「若命《わかめ》」氏《し》は、もともとは「若名」でしたが、ある時《とき》に「若命」に変《か》えたと伝《つた》えられています。変《か》えた理由《りゆう》は、祭神《さいじん》であるそれぞれの「命《みこと》」のご加護《かご》を受《う》けたいとの強《つよ》い望《のぞ》みがあったのかもしれません。

「若命」を「わかめい」と読《よ》む方《かた》もおります。

若命

MEMO

藻類《そうるい》の名字《みょうじ》で「昆布《こんぶ》」や「海藻《かいそう》」という名字《みょうじ》がありますが、食用《しょくよう》の「若布《わかめ》」という名字《みょうじ》は確認《かくにん》されていません。

梅干野

ほやの

「梅干野《ほやの》」という名字《みょうじ》は、地名《ちめい》から生《う》まれました。「梅干野《ほやの》」という地名《ちめい》は確認《かくにん》できませんが、「保谷《ほうや》」という地名《ちめい》は東京都《とうきょうと》西東京市《にしとうきょうし》にあり、「保谷野《ほやの》」という名字《みょうじ》が八王子市《はちおうじし》に存在《そんざい》しています。

保谷《ほうや》から神奈川県《かながわけん》に移《うつ》り住《す》んだ一族《いちぞく》が何《なん》らかの理由《りゆう》で「梅干野」に変《か》えたと考《かんが》えられます。東京都《とうきょうと》には梅《うめ》が地名《ちめい》の由来《ゆらい》と言《い》われる青梅市《おうめし》がありますが、昔《むかし》は保谷《ほうや》地域《ちいき》で梅干《うめぼ》しを作《つく》っていたことから名字《みょうじ》も「梅干野」に変《か》えた、のかもしれません。

梅干野

MEMO

「梅《うめ》」の付《つ》く名字《みょうじ》は「梅春《うめはる》」や「梅香（うめが・ばいこう）」など、梅《うめ》の花《はな》に関《かん》しての名字《みょうじ》が多《おお》いですが、食《た》べる梅干《うめぼ》しには驚《おどろ》きです。

遊井名田

ゆいなだ

「遊井名田《ゆいなだ》」という名字《みょうじ》は、地名《ちめい》から生《う》まれました。岩手県《いわてけん》遠野市《とおのし》宮守町下鱒沢《みやもりちょうしもますざわ》遊井名田《ゆいなだ》の地名《ちめい》です。遠野市《とおのし》で「遊井名田《ゆいなだ》」という名字《みょうじ》を名乗《なの》った一族《いちぞく》が、やがて神奈川県《かながわけん》に移《うつ》り住《す》んだと考《かんが》えられます。「遊井名《ゆいな》田《だ》」という地名《ちめい》は、「遊井」と「名田」に分《わ》けられ、「ゆい」とはお互《たが》いに助《たす》け合《あ》って作業《さぎょう》をする「結《ゆい》」ではないかと考《かんが》えられます。「名田《みょうでん》」を皆《みな》で助《たす》け合《あ》いながら管理《かんり》をしていた土地《とち》に付《つ》けられた地名《ちめい》なのかもしれません。

MEMO

茨城県《いばらきけん》には、「国府田（こうだ・こくふだ・くにふだ）」という名字《みょうじ》があり、国府《こくふ》が管理《かんり》する田《た》に付《つ》けられた「国府田《こうだ》」という地名《ちめい》もあります。

このまちPick Up!

神奈川県《かながわけん》 藤沢市《ふじさわし》

なぜ「藤沢《ふじさわ》」？

この地《ち》は「淵《ふち》」や「沢《さわ》」の多《おお》い土地《とち》であったこと、「淵沢」が「藤沢《ふじさわ》」に変化《へんか》したとする説《せつ》が有力《ゆうりょく》（諸説《しょせつ》あり）。

湘南《しょうなん》・江《え》ノ《の》島《しま》！

藤沢市《ふじさわし》は相模湾《さがみわん》を望《のぞ》む、温暖《おんだん》で自然豊《しぜんゆた》かなまち。神社《じんじゃ》や水族館《すいぞくかん》などの観光《かんこう》スポットも多《おお》く、修学旅行《しゅうがくりょこう》の定番《ていばん》でもある。

サーファーの聖地《せいち》

湘南《しょうなん》エリアでも人気《にんき》の片瀬海岸《かたせかいがん》や鵠沼海岸《くげぬまかいがん》がある。サーフィンやビーチバレーなどのマリンスポーツを楽《たの》しむ人《ひと》で賑《にぎ》わう。

藤沢市《ふじさわし》クイズ① 江《え》の島《しま》では、潮《しお》が引《ひ》くと陸続《りくつづ》きになる「トンボ」という現象《げんしょう》が起《お》こることがある。○か×か？

藤沢市《ふじさわし》でよく見《み》る名字《みょうじ》ランキング TOP 10

1	鈴《すず》木《き》
2	佐《さ》藤《とう》
3	高《たか》橋《はし》
4	渡《わた》辺《なべ》
5	小《こ》林《ばやし》
6	加《か》藤《とう》
7	田《た》中《なか》
8	伊《い》藤《とう》
9	吉《よし》田《だ》
10	石《いし》井《い》

＊1990年代《ねんだい》の電話帳《でんわちょう》による

全国名字《ぜんこくみょうじ》ランキング TOP 10

1	佐《さ》藤《とう》
2	鈴《すず》木《き》
3	高《たか》橋《はし》
4	田《た》中《なか》
5	渡《わた》辺《なべ》
6	伊《い》藤《とう》
7	山《やま》本《もと》
8	中《なか》村《むら》
9	小《こ》林《ばやし》
10	斎《さい》藤《とう》

藤沢市《ふじさわし》に多《おお》いのは何《なに》さん？

藤沢市《ふじさわし》の名字《みょうじ》ランキング第《だい》1位《い》～9位《い》には、「鈴木《すずき》」や「佐藤《さとう》」など、全国的《ぜんこくてき》にも軒数《けんすう》の多《おお》い名字《みょうじ》が並《なら》びました。

そんな中《なか》、第《だい》10位《い》に「石井《いしい》」が入《はい》っているのが特徴的《とくちょうてき》です。「石井《いしい》」は千葉県《ちばけん》や神奈川県《かながわけん》に多《おお》い名字《みょうじ》です。

藤沢市《ふじさわし》クイズ② 市内《しない》の小学校《しょうがっこう》では、砂浜《すなはま》で像《ぞう》を作《つく》ったり、漁《りょう》を体験《たいけん》するなどの学校行事《がっこうぎょうじ》がある。○か×か？

じつは珍名《ちんめい》さんだらけ!?

藤沢市《ふじさわし》には全国的《ぜんこくてき》にも珍《めずら》しい名字《みょうじ》が集《あつ》まっています。それはこの地《ち》が首都圏《しゅとけん》のベッドタウンになっており、東京都《とうきょうと》や神奈川県《かながわけん》に勤《つと》めるために全《ぜん》国《こく》から移住《いじゅう》してきたためと考《かんが》えられます。

また、全国的《ぜんこくてき》には珍《めずら》しい名字《みょうじ》でも、特定《とくてい》の地域《ちいき》には集中《しゅうちゅう》して存在《そんざい》する地《ち》域性《いきせい》の高《たか》い名字《みょうじ》があります。藤沢市《ふじさわし》の地域性《ちいきせい》のある名字《みょうじ》には、「平綿《ひらわた》」や「野渡《のと》」、「諸節《もろぶし》」、「三觜《みつはし》」、「川《かわ》延《のべ》」などがあります。さらに、左《ひだり》ページのように、この土地《とち》にしかない独自《どくじ》の名字《みょうじ》もあります。

見《み》つけたらラッキー☆

藤沢市《ふじさわし》にしかない!?名字《みょうじ》

沼ノ井《ぬまのい》
遣沢《やりさわ》
弘屋敷《ひろやしき》
穐宗《あきむね》
笹外《ささげ》
寿慶《じゅけい》
禾木《かつき》
弊ノ内《してのうち》
苍田《はなだ》
新信《しんのぶ》
圭室《たまむろ》
袴屋《はかまや》
巌真《いわま》
無留井《むるい》
蒲ヶ原《かまがはら》
日野水《ひのみず》
浜窄《はまさこ》
鴇ノ巣《とうのす》
晴柀《はれまき》
関志路《せきしろ》
鉈落《なたおち》
峯友《みねとも》
山の上《やまのうえ》
守野上《もりのうえ》
禿河《とくがわ》
辺野木《べのき》
田項家《たこや》
大纏《おおまとい》

藤沢市《ふじさわし》クイズ④　海岸《かいがん》で食《た》べ物《もの》を手《て》にしていると、スズメに狙《ねら》われることがある。○か×か？

見《み》どころ

藤沢市《ふじさわし》に
遊《あそ》びにきてね！

「キュンとするまち。藤沢」
公式マスコットキャラクター

ふじキュン♡

遊行寺《ゆぎょうじ》

遊行上人《ゆぎょうしょうにん》 呑海《どんかい》が創建《そうけん》。それにより、藤沢《ふじさわ》のまちは、全国《ぜんこく》を巡《めぐ》る遊行《ゆぎょう》の重要《じゅうよう》な拠点《きょてん》となりました。そばを通《とお》る遊行寺坂《ゆぎょうじざか》は、箱根駅伝《はこねえきでん》屈指《くっし》の急坂《きゅうざか》とも言《い》われています。

仲見世《なかみせ》も楽《たの》しそう♪

ライトアップしたシーキャンドル

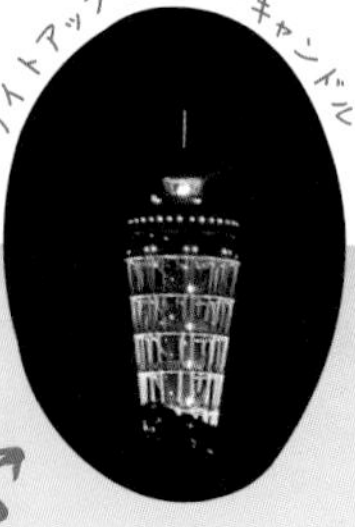

江ノ島《えのしま》

藤沢市《ふじさわし》の最南端《さいなんたん》にある江ノ島《えのしま》。「龍恋《りゅうれん》の鐘《かね》」や江ノ島《えのしま》シーキャンドル、江島神社《えのしまじんじゃ》などたくさんの観光《かんこう》スポットが集《あつ》まっています。

カップルに人気《にんき》

このまち Pick Up! 藤《ふじ》沢《さわ》市《し》の海《うみ》

湘南《しょうなん》の海《うみ》

湘南《しょうなん》といえば、サーファーの聖地《せいち》。他《ほか》にもセーリングやビーチバレーといったマリンスポーツが盛《さか》ん。また、夏《なつ》には海水浴場《かいすいよくじょう》として多《おお》くの家族連《かぞくづ》れで賑《にぎ》わいます。

小田急電鉄《おだきゅうでんてつ》 片瀬江ノ島駅《かたせえのしまえき》

巻貝《まきがい》の「ナガラミ」も美味《びみ》！

海産物《かいさんぶつ》

海《うみ》に面《めん》しているため、しらすやたたみいわし、わかめ、ハマグリやナガラミなどの海産物《かいさんぶつ》が豊富《ほうふ》に水揚《みずあ》げされています。

★藤沢市《ふじさわし》クイズの答《こた》え★

①×（トンボロ） ②○（「海《うみ》の授業《じゅぎょう》」など） ③○ ④×（トンビ）

マンガ

珍名さん いちごいちえ ～一期一会～

高信《たかのぶ》先生《せんせい》が取材《しゅざい》した時《とき》に、珍名《ちんめい》さんから伺《うかが》ったエピソードをご紹介《しょうかい》します。

会場《かいじょう》どよめき相手《あいて》はうめき

茨城県《いばらきけん》でお会《あ》いした
百目鬼《どうめき》さんは
背《せ》が高《たか》くて
大《おお》きな方《かた》でした
剣道《けんどう》をされていた
そうで こんな
エピソードがあります
大《おお》きくて
強《つよ》そうだなぁ…
それにあの名前《なまえ》…
対戦相手
百目鬼
怖《こわ》あ……
百目鬼《どうめき》さんを
見《み》た相手《あいて》は
大《おお》きな体《からだ》と名字《みょうじ》の
迫力《はくりょく》に圧倒《あっとう》されて
いたそうです
百目鬼

甘《あま》い苺《いちご》が毒《どく》????

群馬県《ぐんまけん》でお会《あ》いした
毒島《ぶすじま》さんは
とてもきれいな方《かた》
でした
しかし「ブス」とは
なかなか呼《よ》びづらい
ようで
友人《ゆうじん》からはよく
下《した》の名前《なまえ》で呼《よ》ばれて
いたそうです
そんなある日《ひ》
大学《だいがく》の先生《せんせい》に黒板《こくばん》に
名前《なまえ》を書《か》かれること
があったそうなの
ですが…
苺島
苺島《いちごじま》って
誰《だれ》ーーー!?
下《した》の名前《なまえ》しか知《し》らな
かったせいなのか
本当《ほんとう》に苺《いちご》だと
思《おも》っていたのか…

海藻《かいそう》つながりとはわかんめ〜

若命《わかめ》さんは新卒《しんそつ》でレストランに勤務《きんむ》することになりました
出社初日《しゅっしゃしょにち》のエピソードです
若命《わかめ》です！よろしくお願《ねが》いします！
ん？
ええーー!?
どうして急《きゅう》に機嫌《きげん》を悪《わる》くしたんだろう
何《なに》か変《へん》なこと言《い》ったかな？
え、昆布《こんぶ》さん!?
昆布
「ワカメ」と聞《き》いてからかわれたのだと思《おも》ったようです

読《よ》みまちがえても良《よ》いなら

四十八願《よいなら》さんの会社《かいしゃ》で社内表彰《しゃないひょうしょう》があり
ご本人《ほんにん》も表彰《ひょうしょう》されることになりました
あとは僕《ぼく》だけなのにどうして呼《よ》んでくれないのだろう？
じ～
？
えっ⁉なに⁉まさか表彰《ひょうしょう》取消《とりけ》し⁉
ハイ!!
きみちょっと
なんて読《よ》むの？
四十八願殿
次《つぎ》の表彰《ひょうしょう》の際《さい》は事前《じぜん》にふりがなをふってほしいですね

＊「四十八願《よいなら》」さんは第《だい》1巻《かん》の栃木県《とちぎけん》で紹介《しょうかい》した名字《みょうじ》です。

索《さく》引《いん》

主な参考文献・参考資料

◆『戸籍』959号（テイハン・2018）

◆『戸籍』997号（テイハン・2021）

◆『タウンページ』『ハローページ』（NTTタウンページ・1990年代発行）　等

主な参考ウェブサイト

◇「難読地名「廿原町」　北へと続く原野を開発」
（『岐阜新聞Web』2022年5月30日掲載）
https://www.gifu-np.co.jp/articles/-/82703

◇「長崎市香焼町「円福寺」は弘法大師・空海ゆかりの地名と寺院」
（『ORICON NEWS』2017年11月17日掲載）
https://www.oricon.co.jp/article/341447/

◇ 日本姓氏語源辞典
https://name-power.net/

◇ 各都道府県・市町村ホームページ　等

髙信幸男（たかのぶゆきお）

1956年生まれ。茨城県大子町出身。名字研究家・司法書士。

日本家系図学会理事、茨城民族学会会員、日本作家クラブ会員。元法務省官僚。

名字にまつわる文化や魅力を伝えるために、講演会やテレビ番組、ラジオ番組の監修や出演をしている。主な出演番組に「沸騰ワード10」(日本テレビ)、「いば６」「いばっチャオ」(NHK水戸)、著書に『ご当地珍名見つけ隊～髙信先生の全国行脚～』（恒春閣）、『トク盛り「名字」丼日本全国歩いた！調べた！』(柏書房)、『激レア名字クイズ100　きっと誰かに話したくなる！』(JTBパブリッシング) 等。

ご当地珍名見つけ隊
－髙信先生の全国行脚　関東編－

2024年７月19日　第１刷発行

著　者　　髙信幸男
発行人　　市倉泰
発行所　　株式会社　恒春閣
〒114－0001　東京都北区東十条６－６－18
tel. 03－6903－8563　fax. 03－6903－8613
https://www.koshunkaku.jp

本文イラスト　いだちえみ
印刷・製本　株式会社平河工業社

Koshunkaku Co., Ltd.
Printed in Japan

定価はカバーに表示してあります。

ISBN978-4-910899-11-4　C8039

KOSHUNKAKU